CRUCIAL QUESTIONS

What Is the Lord's Supper?

R. C. Sproul

聖餐とは何か

R・C・スプロール［著］

三ツ本武仁［訳］

いのちのことば社

目次

装丁　長尾　優

第1章　過越の祭り

初期のクリスチャン共同体の生活と礼拝のまさに中心にあったのは、主の晩餐を祝うことでした。教会史の最初期に、この聖餐の祝いはさまざまな名前で呼ばれていました。一方で、初代教会の人々は集まっては、「アガペーの祝宴」または「愛餐」と呼ぶものを祝っていました。神の愛を祝い、またこの聖なる食事においてクリスチャンとして味わう愛の交わりを祝ったのです。

このサクラメント（訳注・「秘儀」「奥義」を意味するギリシヤ語ミュステリオンの訳語として用いられたラテン語）が主の晩餐と呼ばれたのは、イエスが死の前夜に弟子たちとともにとった最後の晩餐を指し示していたからです。

初代教会でも後の教会でも、主の晩餐は「ユーカリスト（エウカリスティア）」とも呼ばれました。これは「感謝する」を意味するギリシヤ語の動詞ユーカリストーに由来します。こうして主の晩餐には、キリストがその死を通して神の民のために成し遂げてくださったことへの感謝を表すための神の民の集まりであるという一面がありました。

主の晩餐とはドラマであり、その根源はあの二階の広間での体験にあるだけでなく、旧約聖書の過越の祝いにまでさかのぼります。思い出してください。イエスは二階の広間で主の晩餐を制定する前に、弟子たちに、この機会に一緒に集まる目的で部屋を確保しておくように命じていたことを。それはイエスがいよいよ苦難を受けようとしていたからでした。イエスは知っていました。ご自分の試練と死、復活、父のもとへ帰る時が差し迫っていることを。それで弟子たちに、「最後にもう一度、あなたがたと過越を祝うことを心から望んでいた」とおっしゃいました（訳注・ルカ22章15節参照）。

イエスが主の晩餐を制定したのは、弟子たちと過越の祭りを祝っている、その最中でした。過越の祭りとのつながりは、弟子たちに対するイエスのことばに見られるだけでなく、使徒パウロがコリント教会に手紙を書いたときに使った同様のことばにも見られます。パウロは「私たちの過越の小羊キリストが、すでにほふられた」と書いているのです（Ｉコリント５章７節）。明らかに、使徒時代の共同体は、キリストの死と旧約の過越の祭りとにつながりがあると見ていたのです。

私たちがこの事情を理解するには、旧約聖書を紐解いて、過越の祭りが制定された歴史的背景を見る必要があるでしょう。イスラエルの民がエジプトで、残酷なパロ（訳注・古代エジプト王の称号。ファラオとも訳される）の支配下で奴隷となっていたことを思い出さなければなりません。思い出してください。民の苦しみが非常に大きかったことを。彼らはその苦しみの中で嘆き、うめきましたが、そのうめきは無視されませんでした。私たちが知っているように、神がミデヤンの荒野で高齢のモーセに現れました。モーセはそのとき、パロの権力から逃れてきた者として流浪の生活をしていました。神は、燃える柴の中からモーセに語りかけたとき、「ここに近づいてはいけない。あなたの足のくつを脱げ。あなたの立っている場所は、聖なる地である」（出エジプト３章５節）と言われました。

この出会いのときに神はモーセに、パロとユダヤ民族両方のところへ行って、神のことばを伝えよと指示なさいました。ご存じのように、モーセは、自分はこの使命にふさわしくないと感じ、どのようにして神のことばをパロにもイスラエルの民にも権威のあるものとして伝えることができるのかと思いました。要するにモーセは「どうして彼らが私についてくるでしょうか。どうして私を信じるでしょうか」と言ったのです。

それに対して神は、要約すると次のように答えました。「さあ、行きなさい。わたしの民の叫びをわたしが聞いた、と彼らに告げ、またパロには、わたしがこう言っていると告げよ。『わたしの民を去らせて、彼らがこの山に来てわたしと出会い、わたしを礼拝することができるようにせよ。』そして民に、荷造りをしてパロとエジプトから離れるようにと言いなさい。」そのため神は、この信じがたいメッセージの裏づけとして、モーセに奇跡を行う力を付与されました。

そこから起きた出来事は、モーセを通しての神と、パロの宮廷の魔術師たちとの、意志と力の対決でした。短時間で魔術師たちの奇術は使い尽くされ、神の力はモーセを通して劇的に発揮されました。全部で十の災いがありましたが、最初の九の災いの中で、ドラマおよびモーセとパロとの対立が深まっていくのがわかります。

災いがエジプト人に降りかかると、パロは心を和らげて、「わかった。去ってよい。民を連れて行け」と言います。しかし、パロがそのことばを言い終わるとすぐに、神が介入して、パロの心を頑なにします。それはイスラエルの民に、彼らの贖いがパロの恩赦によるものではなく、神の御手によるものであることをはっきりと知らせるためでした。

そのため別の対決が起こります。エジプト人に別の災いが降りかかり、パロが心を和らげますが、神がパロの心を頑なにし、パロはイスラエルの民を束縛し続けるのです。

するとまた他の対決が続き、また次の、さらにまた次の対決と続き、ついにパロはモーセのすることにがまんしきれなくなり、こう言いました。「私のところから出て行け。私の顔を二度と見ないように気をつけろ。そうしなければ、おまえは死ぬ。」するとモーセはこう言い返しました。「よく仰せられました。私はもう二度とあなたの顔を見ません」（訳注・出エジプト10章28、29節参照）。

ドラマのこの時点で、神はエジプト人にもたらす十番目の災いをモーセに告げます。この災いはこれまでの中でも最悪のものでした。なぜなら、パロの長男を含めた全エジプト人の長男に死をもたらす災いであったからです。それで神はモーセにこう仰せられました。

「わたしはパロとエジプトの上になお一つのわざわいを下す。そのあとで彼は、あなたがたをここから行かせる。彼があなたがたを行かせるときは、ほんとうにひとり残らずあなたがたをここから追い出してしまおう。さあ、民に語って聞かせよ。男は隣の男から、女は隣の女から銀の飾りや金の飾りを求めるように。」主はエジプトが民に好意を持つようにされた。モーセその人も、エジプトの国でパロの家臣と民とに非常に尊敬されていた。

モーセは言った。「主はこう仰せられます。『真夜中ごろ、わたしはエジプトの中に出て行く。エジプトの国の初子は、王座に着くパロの初子から、ひき臼のうしろにいる女奴隷の初子、それに家畜の初子に至るまで、みな死ぬ。そしてエジプト全土にわたって、大きな叫びが起こる。このようなことはかつてなく、また二度とないであろう。』しかしイスラエル人に対しては、人から家畜に至るまで、犬も、うなりはしないでしょう。これは、主がエジプト人とイスラエル人を区別されるのを、あなたがたが知るためです。あなたのこの家臣たちは、みな、私のところに来て伏し拝み、『あなたとあなたに従う民はみな出て行ってください』と言うでしょう。私はそのあとで出て行きます。」

こうしてモーセは怒りに燃えてパロのところから出て行った。主はモーセに仰せられた。「パロはあなたがたの言うことを聞き入れないであろう。それはわたしの不思議がエジプトの地で多くなるためである。」（出エジプト11章1～9節）

そして出エジプト記12章の始めにおいて、神はモーセをご自分のところへ連れて来て、過越の祝いを制定します。

出エジプト記からの以下の物語についてよく考えてみなければなりません。これこそ、その後のユダヤ民族の生活に劇的な影響を与えているものだからです。ここで制定されたものを、イエスと弟子たちは二階の広間で祝っているのです。

主は、エジプトの国でモーセとアロンに仰せられた。「この月をあなたがたの月の始まりとし、これをあなたがたの年の最初の月とせよ。イスラエルの全会衆に告げて言え。

この月の十日に、おのおのその父祖の家ごとに、羊一頭を、すなわち、家族ごとに羊一頭を用意しなさい。もし家族が羊一頭の分より少ないなら、その人はその家のすぐ隣の人と、人数に応じて一頭を取り、めいめいが食べる分量に応じて、その羊を分けなければならない。あなたがたの羊は傷のない一歳の雄でなければならない。それを子羊かやぎのうちから取らなければならない。あなたがたはこの月の十四日までそれをよく見守る。そしてイスラエルの民の全集会は集まって、夕暮れにそれをほふり、その血を取り、羊を食べる家々の二本の門柱と、かもいに、それをつける。その夜、その肉を食べる。すなわち、それを火に焼いて、種を入れないパンと苦菜を添えて食べなければならない。それを、生のままで、または、水で煮て食べてはならない。その頭も足も内臓も火で焼かなければならない。それを朝まで残してはならない。朝まで残ったものは、火で焼かなければならない。あなたがたは、このようにしてそれを食べなければならない。腰の帯を引き締め、足に、くつをはき、手に杖を持ち、急いで食べなさい。これは主への過越のいけにえである。その夜、わたしはエジプトの地を巡り、人をはじめ、家畜に至るまで、エジプトの地のすべての初子を打ち、また、エジプトのすべての神々にさばきを下そう。わたしは主である。あなたがたのいる家々の血は、あなたがたのためにしるしとなる。わたしはその血を見て、あなたがたの所を通り越そう。わたしがエジプトの地を打つとき、あなたがたには滅びのわざわいは起こらない。」（出エジプト12章1～13節）

ここで語られていることが非常に重要なのは、ご存じのように、新約聖書で語られているサクラメント（訳注・つまり洗礼と聖餐のこと）は教会の生命の中で、非常に重要なものを指し示すしるし（sign）であり証印（seal）でもあると理解されているからです。サクラメントが与えるしるしは、しるしそれ自体の向こうにある、贖いについてのある真理を指し示し、その真理は神の民のいのちの中で決定的な意味を持ちます。

神は旧約において過越の儀式を定める際、モーセに、わかりやすく言い換えると次のようなことを言っておられました。

この動物を、傷のない子羊を取って、殺しなさい。その血を取ってあなたがたの家の入口にしるしをつけなさい。扉の上のまぐさ石に、門柱に、血を塗りなさい。それはあなたがたを神の民とするしるしである。こうして、死の御使いがこの地の初子を打つために、わたしのさばきをエジプト人に実行するために来るとき、その滅びのさばきはエジプト人にのみ降りかかる。わたしは、世から呼び出してわたしの契約の聖なる民とした者たちと、彼らを奴隷にした者たちとを区別しよう。だから、わたしの怒りはエジプトに降りかかるが、わたしの民には降りかからない。御使いは子羊の血でしるしのついたすべての家を過ぎ越すだろう。

この儀式が表していたしるしは、実に救出のしるしでした。それが贖いのしるしであったのは、この民が神の怒りを逃れることを意味していたからです。

究極の悲惨とは、神の怒りにさらされることです。キリストはご自分の民を御父の怒りから救ってくださいます。私たちは神によって救われるだけでなく、神から救われるのです。そしてそのことは出エジプト記に記録された過越の中に劇的に示されています。門柱のしるし、子羊の血によるしるしは、イスラエル人が神の怒りにさらされる悲惨から救われることを意味していました。

それでその夜、死の御使いが来てエジプトの初子を殺しましたが、神の民は助かりました。その後モーセは民を奴隷状態から導き出し、葦の海を通り抜け、約束の地へと向かいました。シナイ山で律法を受け、モーセの契約のもとで民は神の民になりました。

彼らは神の聖なる山へ出向き、そこで神を礼拝しました。そしてこの贖いの出来事の永続的な記念として、それ以来毎年、イスラエルの民は過越の祭りの儀式を大切にしました。家に集まり、過越の食事と苦菜を食べ、ぶどう酒を飲みました。それらすべては、神がエジプトの地で行ってくださった救いを思い起こすためです。彼らは手に杖を持って最初の食事に参加しましたが、それは、すぐにでも移動し、前進する用意ができている者であることを示すためでした。なぜなら主が、パロとその軍隊が滅ぼされたらすぐにエジプトから、奴隷の状態から出て約束の地へ移動する準備をしておくようにと言われたからです。

イエスが弟子たちと最後の過越を祝ったとき、その祝いのただ中で、標準の儀式と違うことを行いました。パン種を入れないパンを取ってそれを裂き、「これはあなたたちのために裂かれるわたしの体です」と述べてパンに新しい意義を添えたため、過越の儀式に新しい意味が加えられました。そして食事が終わると、ぶどう酒の杯を取って、次のような趣旨のことを言いました。「あなたがたが過越を祝うとき、わたしはこれに新しい意味を与えます。このぶどう酒はわたしの血だからです。門柱にしるしをつけた旧約の子羊の血ではなく、今やこの杯はわたしの血なのです。」つまり、イエスはこう言おうとしていたのです。「わたしは過越です。わたしは過越の子羊です。あなたがたのためにいけにえとなる者です。いのちの入り口にしるしをつけたわたしの血によって、あなたがたは神の怒りを逃れることができます。」

要するにイエスは「これから後ずっと、これはあなたがたの罪を赦すために流されるわたしの血です。これは新しい契約の血です」と言ったのです。イエスがまさにその夜に定めた新しい契約は、今までの古い契約を実現し、それを最も完全に、最も意味深く表現しているのです。

第2章　主の晩餐の制定

ルカの福音書22章には次のように書かれています。

　さて、過越の小羊のほふられる、種なしパンの日が来た。イエスは、こう言ってペテロとヨハネを遣わされた。「わたしたちの過越の食事ができるように、準備をしに行きなさい。」彼らはイエスに言った。「どこに準備しましょうか。」イエスは言われた。「町に入ると、水がめを運んでいる男に会うから、その人が入る家にまでついて行きなさい。そして、その家の主人に、『弟子たちといっしょに過越の食事をする客間はどこか、と先生があなたに言っておられる』と言いなさい。すると主人は、席が整っている二階の大広間を見せてくれます。そこで準備をしなさい。」彼らが出かけて見ると、イエスの言われたとおりであった。それで、彼らは過越の食事の用意をした。

さて時間になって、イエスは食卓に着かれ、使徒たちもイエスといっしょに席に着いた。イエスは言われた。「わたしは、苦しみを受ける前に、あなたがたといっしょに、この過越の食事をすることをどんなに望んでいたことか。あなたがたに言いますが、過越が神の国において成就するまでは、わたしはもはや二度と過越の食事をすることはありません。」そしてイエスは、杯を取り、感謝をささげて後、言われた。「これを取って、互いに分けて飲みなさい。あなたがたに言いますが、今から、神の国が来る時までは、わたしはもはや、ぶどうの実で造った物を飲むことはありません。」それから、パンを取り、感謝をささげてから、裂いて、弟子たちに与えて言われた。「これは、あなたがたのために与える、わたしのからだです。わたしを覚えてこれを行いなさい。」食事の後、杯も同じようにして言われた。「この杯は、あなたがたのために流されるわたしの血による新しい契約です。しかし、見なさい。わたしを裏切る者の手が、わたしとともに食卓にあります。人の子は、定められたとおりに去って行きます。しかし、人の子を裏切るような人間はわざわいです。」（7～22節）

主の晩餐の制定についての以上の描写の中で、イエスが時間の二つの次元、すなわち現在と未来について具体的に述べていることがわかります。私たちの文化では通常、時間がどのくらいたったかを測るために、過去、現在、未来ということばを用いますが、クリスチャン共同体の生活における主の晩餐の意味と意義を見ると、主の晩餐が、今述べた時間の三つの次元すべてにとって意義を持ち、三つの次元すべてに当てはまることがわかるのです。

主の晩餐は、過越の祭りとつながっているため過去と関わりがあります。さらに、イエスが二階の広間で語ったことは、それ以来起こっていますから、イエスの十字架の死も私たちにとって過去の出来事です。イエスは弟子たちに「わたしを覚えて」このサクラメントを行うようにと命じています。私たちが主の晩餐を祝うのは記念としてであるという点で、焦点は過去に起こった出来事に置かれています。

聖書にはしばしば、空間や時間の神聖化と呼ばれるものが見られます。すなわち、神または神の民イスラエルが、その世界の中にある特定の時間とその世界で起こった特別な出来事に、神聖な、聖なる、聖別された意義を与える例が数多く見られるのです。

モーセがミデヤンの荒れ野で神に召されたときのことを考えてください。「神は仰せられた。『ここに近づいてはいけない。あなたの足のくつを脱げ。あなたの立っている場所は、聖なる地である』」（出エジプト三章五節）。ここで神がモーセに言おうとしておられたのは、「モーセよ、地上のこの場所は、今や神にささげられている。ここは聖なる場所である」ということです。その地が聖とされたのは、モーセがそこにいたからではありません。そこが聖なる地であったのは、そこが神と神の民との交点だったからです。

旧約聖書をよく調べてみれば、神がご自分の民と出会った特別な場所やご自分の民のために力強く活動した特別な場所が見つかることでしょう。こういった例ではしばしば、目印を付けることが民の習わしでした。たいてい目印は、石で非常に簡単な祭壇を建てることによってなされました。

たとえば、ノアがアララテ山の頂上に着陸して箱舟から出たとき、最初にしたことの一つは、神が自分たち一家を大洪水から救い出してくださった場所を覚えるために、そこに祭壇を築くことでした。

またイスラエルの子たちがヨシュアの指導のもとヨルダン川を渡った後は、記念碑を建てました。このようなことは聖書の中に繰り返し見られます。ヤコブは妻となる人を見つけに行く途中、真夜中に神の御使いが天と地を上り下りする幻を見たとき、「まことに主がこの所におられるのに、私はそれを知らなかった」（創世28章16節）と言って、その地点をベテル（訳注・神の家）と名づけました。それで、夜通し枕に使っていた石を取って油を注ぎ、そこに立てました。神が夢の中で自分に現れ、約束をしてくださった場所の目印としたのです。

聖書には何度も何度も、空間の神聖化が見られます。それは今日も行われています。数年前、私の家のすぐ近くで悲惨な交通事故が起こりました。犠牲者の一人は体操選手だった幼い少女で、私の家から道を挟んだ向こう側に住んでいました。私は毎日仕事に行く途中、車が激突した木の前を通ります。今日に至るまでそこには、さまざまな記念碑や花、十字架があり、彼女がなくなった場所の目印となっています。だれでも、人生の中に特別な場所があります。それらが特別であるのは良い意味での場合も悪い意味での場合もあるでしょうが、その場所を自分にとって聖なるものとみなし、ときには物理的なしるしを置くのです。

聖書の中には神聖な空間だけでなく、神聖な時間もあります。旧約聖書の祭りは時間の神聖化も意味しています。過越の祭りに関して言えば、神はイスラエルの民が、カレンダー上に過越の祭りに相当する神聖な瞬間を設けて、エジプトでの奴隷状態から贖い出されたことを毎年祝うようにお定めになりました。これは神聖な時間でした。

私たちも教会暦の中に神聖な日を設けています。日曜日に教会へ行くのは、イエスが日曜日の朝によみがえられた事実を思い起こすためです。私たちはイースターの祝日を祝います。ペンテコステとクリスマスを祝います。

これらの日を祝うのは、人間として、神聖な時を持つことが人間性に強く根づいているからです。私たちは歴史の中で自分にとってきわめて重要な瞬間を思い出したいのです。私たちは自分の誕生日を、それについて何か神聖なことがあるかのように祝います。誕生日は自分にとって通常とは違う特別なものだという意味で、神聖なのです。確かに自分がこの世界に生まれて来た日を思い起こすのはよいことです。私たちはまた結婚記念日を祝います。結婚の重要性を思い起こしたいからです。

人間にはこのように大切な瞬間を繰り返し思い起こす必要があることを主イエスは理解しておられたのだと、私は確信しています。主が弟子たちといっしょに二階の広間に集まったとき、主が制定した主の晩餐の要素の一つは、この晩餐を記念して繰り返しなさいという命令でした。「わたしを覚えてこれを行いなさい」（ルカ22章19節）。

ある意味で、キリストがおっしゃっていたのは次のようなことです。「わたしは三年間あなたがたを教えてきました。多くのことを行いましたが、その中にはあなたがたがやがて忘れてしまうこともあります。しかしほかに何があっても、これは忘れないでほしいのです。これからの二十四時間に経験することは、わたしがあなたがたのためにすることの中で最も重要なことだからです。どうかいつまでも忘れないように。あなたがたはわたしを思い出しているのです。明日起こるわたしの死を、わたしの血が注ぎ出されることを、わたしの体が裂かれることを思い出しているのです。どうか忘れないでください。」それで、二千年間教会は、主の晩餐というこの神聖なる記念行事においてキリストの死を思い出してきたのです。

イエスはまた、ユダヤの伝統における背信と忘却とのつながりも理解しておられました。言語学的に言えば、このつながりはapostate（背教者、背信者）という単語自体に見られます。この単語の根底には「手放すこと、忘れること」という意味があります。つまり背教者とは、かつて熱心に関わっていたことを忘れてしまった者のことなのです。詩篇103篇が思い出されます。そこではダビデが、「わがたましいよ。主をほめたたえよ。主の良くしてくださったことを何一つ忘れるな」（訳注・2節）と声を挙げています。

イエスは二千年前に死にましたが、それからというもの片時も忘れられることなく、この世界のどこかで人々は共に座って、パンを割き、杯を分かち合って、キリストが来るときまでキリストの死を思い出しているのです。

第3章　神の国の完成

ルカの福音書に次のようにあります。「あなたがたこそ、わたしのさまざまな試練の時にも、わたしについて来てくれた人たちです。わたしの父がわたしに王権を与えてくださったように、わたしもあなたがたに王権を与えます。それであなたがたは、わたしの国でわたしの食卓に着いて食事をし、王座に着いて、イスラエルの十二の部族をさばくのです」（22章28～30節）。

イエスはここで、将来、御国が完成したときの様に重点を置いています。イエスは御父から王の王、主の主であると宣言された、油注がれた方です。イエスは御父がご自分に王国を授けてくださったと語り、そして同じようにして今、ご自分も弟子たちに神の国を授け、将来、弟子たちとともに食卓に着く日が来ると約束なさいます。イエスのこの声明に暗示されているのは、小羊の婚宴、天で行われるキリストと花嫁との大いなる式典（ヨハネの黙示録19章6〜10節）についての予期された約束です。

まず、旧約聖書を見てみましょう。そこにはこの未来への期待の簡単な手掛かりがあります。詩篇23篇には次のようにあります。

主は私の羊飼い。私は、乏しいことがありません。主は私を緑の牧場に伏させ、いこいの水のほとりに伴われます。主は私のたましいを生き返らせ、御名のために、私を義の道に導かれます。たとい、死の陰の谷を歩くことがあっても、私はわざわいを恐れません。あなたが私とともにおられますから。あなたのむちとあなたの杖、それが私の慰めです。（1〜4節）

ダビデは主なる神を羊飼いにたとえています。ダビデ自身羊飼いの出身なので、この比喩表現で自分が何を表しているか知っていました。羊飼いの仕事が羊の世話であることを知っていました。もしあなたがこれまでに羊の群れを見たことがあるなら、誰かが導いていかなければ羊たちは目標もなくさまよい歩いていってしまうことをご存じでしょう。

右の聖句では、良い羊飼いが、羊の群れを緑豊かな牧草地へ連れていき、水に落ちて死ぬような早瀬のそばに群れを置くのではなく、静かな水の近くの場所を与えます。そこは安全に喉の渇きを癒すことのできる場所です。それから羊飼いは、羊たちを義の道へと導くのです。たとえ死の陰の谷を通って行くときも、羊たちは恐れません。羊飼いがいっしょにいるからです。羊飼いは鞭と杖で羊たちを慰めます。鞭は狼から羊を守るために、杖は羊を集めて羊飼いのいる安全な場所にとどまらせるために用います。

神を良い羊飼いにたとえるこのような美しいイメージの中で、ダビデはさらに述べます。「私の敵の前で、あなたは私のために食事をととのえ、私の頭に油をそそいでくださいます。私の杯は、あふれています」（５節）。神はご自分の民の潔白を証明し、彼らを不当に非難する者たちの前で、潔白を証明してくださるのです。要するにダビデは「神は私の前に食卓を整えてくださるだけでなく、公的に私をご自身の食卓へ招いてくださる」と述べたのです。神の民は、神の食卓でその宴を楽しむだけではありません。彼らの前にある杯は、心を喜びで満たすぶどう酒であふれています。

実はこの詩篇は、良い羊飼いとして現れるメシヤを予測しています。このメシヤは、ご自分は天から下って来た生けるパンであると言う方（ヨハネ6章51節）と同じ方でもあります。旧約聖書の羊飼いというイメージは、新約聖書ではキリスト・イエスにおいて実現しています。キリスト・イエスは、狼が来ると逃げ出す雇い人ではなく、羊のためにいのちを捨てる良い羊飼いです（ヨハネ10章11、12節）。また同時に、ユダヤ人の荒れ野の経験の間マナという形で天から食糧の供給があったという歴史的経験を成就してもいます。神は天からのマナを食べさせることによって、彼らの身体的必要を毎日満たしました。このイメージは、新約聖書でイエスが天から下って来てご自分の民を養い育てる「天からのパン」と呼ばれているときに用いられています。

聖餐において示されている神の国の完成を理解するには、マタイの福音書22章の「婚宴のたとえ」を見なければなりません。

イエスはもう一度たとえをもって彼らに話された。「天の御国は、王子のために結婚の披露宴を設けた王にたとえることができます。王は、招待しておいたお客を呼びに、しもべたちを遣わしたが、彼らは来たがらなかった。それで、もう一度、次のように言いつけて、別のしもべたちを遣わした。『お客に招いておいた人たちにこう言いなさい。「さあ、食事の用意ができました。雄牛も太った家畜もほふって、何もかも整いました。どうぞ宴会にお出かけください。」』ところが、彼らは気にもかけず、ある者は畑に、別の者は商売に出て行き、そのほかの者たちは、王のしもべたちをつかまえて恥をかかせ、そして殺してしまった。王は怒って、兵隊を出して、その人殺しどもを滅ぼし、彼らの町を焼き払った。そのとき、王のしもべたちに言った。『宴会の用意はできているが、招待しておいた人たちは、それにふさわしくなかった。だから、大通りに行って、出会った者をみな宴会に招きなさい。』それで、しもべたちは、通りに出て行って、良い人でも悪い人でも出会った者をみな集めたので、宴会場は客でいっぱいになった。ところで、王が客を見ようとして入って来ると、そこに婚礼の礼服を着ていない者がひとりいた。そこで、王は言った。『あなたは、どうして礼服を着ないで、ここに入って来たのですか。』しかし、彼は黙っていた。そこで、王はしもべたちに、『あれの手足を縛って、外の暗やみに放り出せ。そこで泣いて歯ぎしりするのだ』と言った。招待される者は多いが、選ばれる者は少ないのです。」

（1～14節）

このたとえ話には、言い尽くし難いほどの祝福というわくわくする約束と同時に、さばきという恐ろしい要素があります。覚えていていただきたいのですが、キリストがこの世に来たとき、キリストがこの世に入って来ることはクリシスというギリシヤ語で定義づけられました。クリシスは英語のクライシス（危機）の語源です。キリストの到来は、究極の区分――キリストを喜んで迎え入れる人と拒否する人との――をもたらすのです。ヨハネの福音書1章11節に、イエスがご自分の者たち、つまりユダヤ民族のところに来たのに、ご自分の民はイエスを受け入れなかったとあります。ある意味でこのたとえ話は、神が花嫁となるように招いたイスラエルの歴史の要約です。

しかし彼らは婚宴に来ることを拒否しました。興味を示しませんでした。もっとしたいことがあったのです。それで立ち去り、家に帰りました。行ってそれぞれに何かを行いましたが、彼らの主である神が提供した婚宴の招待に応えることだけはしませんでした。しもべたちが彼らを招くために出て行きましたが、彼らに殺されました。このしもべたちとはだれのことでしょう。明らかに、神に選ばれた民によって殺されたイスラエルの預言者たちです。

最後に神は言いました。「わたしの息子は花嫁を迎え、王国を受け、大勢の人々の集う結婚式を開こうとしている。」それで神は、しもべたちを町の本道や脇道へ出て行かせて、もともとの共同体に属していない人々を見つけさせました。このことは明らかに、イスラエルと結んだ契約の中に、神がよそ者であり外国人である異邦人を入れることを指しています。神は花嫁との結婚を祝うために、御子にこの人々をお与えになるのです。

ヨハネの黙示録19章には小羊の婚宴について語られています。

この後、私は、天に大群衆の大きい声のようなものが、こう言うのを聞いた。「ハレルヤ。救い、栄光、力は、われらの神のもの。神のさばきは真実で、正しいからである。神は不品行によって地を汚した大淫婦をさばき、ご自分のしもべたちの血の報復を彼女にされたからである。」彼らは再び言った。「ハレルヤ。彼女の煙は永遠に立ち上る。」すると、二十四人の長老と四つの生き物はひれ伏し、御座についておられる神を拝んで、「アーメン。ハレルヤ」と言った。また、御座から声が出て言った。「すべての、神のしもべたち、小さい者も大きい者も、神を恐れかしこむ者たちよ。われらの神を賛美せよ。」

また、私は大群衆の声、大水の音、激しい雷鳴のようなものが、こう言うのを聞いた。

「ハレルヤ。万物の支配者である、われらの神である主は王となられた。私たちは喜び楽しみ、神をほめたたえよう。小羊の婚姻の時が来て、花嫁はその用意ができたのだから。花嫁は、光り輝く、きよい麻布の衣を着ることを許された。その麻布とは、聖徒たちの正しい行いである。」

御使いは私に、「小羊の婚宴に招かれた者は幸いだ、と書きなさい」と言い、また、「これは神の真実のことばです」と言った。そこで、私は彼を拝もうとして、その足もとにひれ伏した。すると、彼は私に言った。「いけません。私は、あなたや、イエスのあかしを堅く保っているあなたの兄弟たちと同じしもべです。神を拝みなさい。イエスのあかしは預言の霊です。」（1～10節）

新約聖書のこの最後の書には、未来を垣間見ることが許されています。ここでヨハネは、花嫁、すなわち教会のために用意された小羊の婚宴を見ています。キリストに対して忠実なすべてのキリスト者が、喜びに満ちたこの祝祭のために、天において集められる日が来るのです。その祝祭はキリストとの最終的な結婚であり、私たちの想像をはるかに超えた宴会という特徴があります。

未来についてのこのような約束が新約聖書の教えを貫いていることがわかっているので、主の晩餐の制定においてもそれが語られていることがわかります。イエスは、未来の時に注意するよう呼びかけます。そのときイエスは、天でご自分の民とともに座に着いて神の国の祝宴を祝うのです。偉大なる祝宴がまだ残っています。

この世で主の晩餐を祝うたびに、私たちは、キリストが過去になしとげてくださったこと*だけ*に目を向けるべきではありません。まだ実現していない未来の祝祭をも見つめるべきです。神の国には私たちがまだ経験するべきことがあるのです。私たちは、キリストの生涯と死と復活において神の国の開始を経験しました。しかし、最終の、未来の御国の完成が待っています。ですから、私たちが主の晩餐を祝うとき、それがすでに起こったことのしるし（sign）であるだけではなく、未来に起こることのしるし（sign）でもあり証印（seal）でもあるということを知っているのです。

旧約聖書で神の民イスラエルは一年に一度過越を祝いました。この過越の祭りは、過越の小羊がゴルゴタの丘でささげられる未来における実現を予期するものでした。今日も主の晩餐を祝うたびに、私たちは未来をのぞき込み、キリストとその花嫁の婚宴の約束に目を向けてもいるのです。このようにして、聖餐は天国の先取りです。いつの日か、私たちは栄光に満ちた花婿の姿を見、完璧な姿で花婿にささげられた教会を見ることになります。これが主の晩餐が指し示す未来なのです。

第4章　本物の体と血か

主の晩餐の現在における意義は何でしょうか。今まで過去における意義と将来における意義を見てきましたが、現在における意義はどうでしょう。主の晩餐を巡る論争の大多数は、この時点で起こっています。

教会史を通して見ると、ほとんどの人は、キリストの現実の臨在が主の晩餐に存在するという見方を支持しています。別の言い方をすれば、私たちは食卓でキリストとの実際の交わりの中にいるのです。もちろん、キリストが主の晩餐に臨在するのに何か特別な形態がある、とすべての信者が信じているわけではありません。そう信じている人がいたとしても、きわめて少ないと言えるでしょう。いずれにせよ、キリストの実在に関する論争は、もっと深いところまで進みます。

大多数の者は、イエスが実際にそこにおられるということに同意します。争点は、その実在の様式についてです。キリストはどのような仕方で、主の食卓に実在しておられるのか。この質問への答えについては、クリスチャンたちの意見は一致しません。

この問題は、一つには聖餐における主の制定のことばがどのように主の臨在と関わっているのか、という視点から問われています。共観福音書の三つはどれも、イエスが「これはわたしのからだです」と言ったと伝えています。歴史的に見て、これらの論争から浮かび上がって来た問いは、「です」という語についてです。この「です」はどのように理解されるべきなのでしょうか。

何かが、ほかの何か「です」と言われる場合、その「です」はイコールの役目を果たしています。述語と主語は意味を減らすことなく逆にすることができます。たとえば、ある人が「バチェラー（a bachelor　訳注・英語で未婚男性を指す）は未婚男性です」と言ったとすると、主語「バチェラー」の意味するところはすべて、述語に表されているわけです。この文章で「です」はイコールの役目を果たしています。主語と述語を逆にして「未婚男性はバチェラーです」と言うことができるのです。

以上のような用法に加えて、「です」には隠喩的な用法もあり、そこでは「象徴する」という意味で用いられます。

たとえば、ヨハネの福音書に見られるイエスの「わたしは……です」という表明文のことを考えてください。イエスは言っておられます。「わたしはぶどうの木で、あなたがたは枝です。わたしは良い羊飼いです。わたしは人々が通らなければならない門です。わたしは道です。わたしは真理です。わたしはいのちです。」これらの箇所をどのように読んでも明らかに、イエスは「です」の代表的意味を隠喩的方法で用いています。イエスが「わたしは門です」（訳注・ヨハネ10章9節）と言う場合、普通の人なら皮膚があるところにイエスの場合は木の板とちょうつがいがあると、愚かなことを言っているわけではありません。隠喩的な意味で「わたしは神の国への入口です。ある部屋に入るとき、その部屋の扉を通らなければならないのと同じように、もし神の国に入りたいなら、わたしを通って行かなければなりません」と言っておられるのです。

主の晩餐の制定のことばの問題に戻りますと、そこでの問いは明らかに、キリストはここで「です」という文言を、どのような意味で使っておられるのか、ということです。イエスは、「わたしが裂いているパンは、ほんとうにわたしの肉であり、わたしが祝福しているこの杯のぶどう酒は、わたしの血です」と言っているのでしょうか。人々が聖餐のぶどう酒を飲むとき、実際にイエスの血を飲んでいるのでしょうか。聖餐のパンを口にするとき、実際にイエスの肉を食べているのでしょうか。実に論争はここに始まります。

一世紀のローマで、クリスチャンたちが人食いの罪で訴えられたことはご存じでしょうか。クリスチャンがカタコンベのような秘密の場所で集会をしているのは、だれかの肉を貪り、その人の血を飲むためだという噂があったのです。教会史のこれほど前からすでに、パンと肉、ぶどう酒と血を同等に見る考えが現れていたのです。

十六世紀にルター派と改革派は、自分たちを分けているおもな障壁が主の晩餐の理解の仕方にあることに気づきました。両者は他のほとんどの点では同意していました。マルティン・ルターは、ここでの「です」は同一性の意味を持つと主張しました。ルターはその議論の最中に、ラテン語のホック・エスト・コルプス・メウムという表現を繰り返し語っています。「これはわたしのからだです」という意味です。ルターはそれによって「です」の同一性を主張したのです。

十六世紀の宗教改革の主要な論争の一つは、ローマ・カトリックにおける主の晩餐の理解と関連がありました。当時および現在のローマ・カトリックの見解は、実体変化（transubstantiation　訳注・実体変化説、化体説、全実体変化等の訳語もある）として知られています。これは、人が聖餐にあずかるとき、パンとぶどう酒の実体がイエスの実際の体と血へと超自然的に変化するという見解です。

しかしこの見解には単純な反論がありました。それは、主の晩餐にあずかるとき、パンとぶどう酒は、やはりパンとぶどう酒のように見えるし、パンとぶどう酒の味や香り、手触り、音がするということです。聖変化の前と後に、パンとぶどう酒に実際に認識できる変化はないのです。ある人は言うでしょう。「ここにはキリストの奇跡が物理的に存在しているとおっしゃいますけれど、どうしてもそうは見えません。パンもぶどう酒も前と全く同じものみたいですよ」と。

この問題を説明するために、ローマ・カトリック教会は、パンとぶどう酒の外観に起こる現象の説明として、ある哲学の定式を持ってきました。過去をさかのぼってアリストテレスの哲学的範疇に達し、その専門用語を借用して自分たちの見解を明確に表現したのです。

アリストテレスは実在の本質に関心を持ち、対象の実体と対象の偶有性とを区別しました。「偶有性《ぐうゆうせい》」という用語は、事物の外側の知覚できる性質を指します。もしあなたが私のことを説明しようとするなら、体重や身長、着ている服、髪型、顔の色、目の色から説明することでしょう。ただし、みな私の外側の、知覚できる性質に限られています。私の個人的本質まではわからないのです。私はチョークの真の本質を知りません。円筒形で、硬く、白色であるのが見えるだけです。それらはみなチョークの、外から知覚できる性質にすぎません。

アリストテレスは、あらゆる対象はそれ自身の実体を有し、あらゆる実体はそれに対応する偶有性を有すると信じていました。もしゾウの実体を有するなら、ゾウの偶有性も有するのです。アリストテレスにとって、もしあるものがアヒルのように見え、アヒルのように歩き、アヒルのように鳴くなら、それはアヒルです。アヒルであることの本質は、常にアヒルの偶有性を生み出します。しかしアヒルであることの偶有性は見ることができても、その下にあるアヒルの本質は見ることができないのです。

中世の西方教会はアリストテレスの哲学上の試みを借りて、実体変化の教理における知覚できる表面と、奥深くの実在との違いを定義しました。

彼らは、ミサにおいて二重の奇跡が起こると言いました。まず、パンとぶどう酒の実体がキリストの体と血の実体に変化し、その一方で偶有性は変わりません。それはどういうことでしょうか。奇跡が起こる前には、パンの実体とパンの偶有性があり、ぶどう酒の実体とぶどう酒の偶有性があります。しかし奇跡の後は、パンの実体とぶどう酒の実体はもはやないのです。代わりにキリストの体と血の実体がありますが、パンとぶどう酒の偶有性はそのままです。別の言い方をすれば、パンとぶどう酒の偶有性がその実体なしにあるのです。そして第二の奇跡は、キリストの体と血の実体が、肉と血の偶有性なしにそこにあるということに見られます。

これが二重の奇跡ということの意味です。あるものの実体と、別のものの偶有性が同時にあるのです。ただし、このような考え方が現実世界で可能であるとはアリストテレス自身は決して認めなかったはずであるということに注意するべきです。

数十年前の西ヨーロッパで、オランダのローマ・カトリック神学者（訳注・エドワード・スヒレベークス〔一九一四〜二〇〇九年〕。ベルギー出身）が『キリスト、神との出会いのサクラメント』（訳注・オランダ語版は一九五九年、英語版は一九六二年出版）という著作を出版し、その中で全く新しい考えを紹介しました。

この神学者は、ミサの奇跡で起こることは、あるものの実体が別のものの実体に超自然的に変化することではないと言いました。それは実体変化（transubstantiation）ではなく、彼が呼ぶところの「意義変化（transignification）」であると。彼は、ミサにおいてパンとぶどう酒という構成要素は天的な意義を帯びると言いました。構成要素の本質は同じままでありながら、意義には現実の変化があるというのです。彼の考えは当時、『オランダ・カテキズム』や他の進歩的なカトリック神学者の一部に支持され、ローマ・カトリック教会内に大きな論争を引き起こしました。

一九六五年、ローマ教皇（訳注・パウロ六世、一八九七〜一九七八年）はこの問題に応答して「ミステリウム・フィデイ（信仰の奥義）」という題の回勅を出し、教会の歴史的な教理はその内容だけでなく表現も不変であると述べました。アリストテレスの哲学を援用した実体変化という定式化は有効であり続けると述べたのです。これが今なおローマ・カトリック教会の公式見解です。この回勅は、実体変化に問題を感じていた人々が提出した創造的な解決策を事実上拒否しました。

ルターは、実体変化の奇跡は必要ないとの理由で、それに反対しました。ルターは、イエスの本当の肉と血が、パンとぶどう酒という構成要素に実在していると信じていました。ただし、それらの中に、それらとともに、それらの下に実在しているのだ、と（訳注・共在説とも呼ばれる）。パンとぶどう酒がキリストの体と血になるのではなく、むしろキリストの体と血が、パンとぶどう酒に超自然的な仕方で加わるのだ、というのです。その意味ではルターも、キリストの物理的な体と血が現実に存在していると主張しています。

ジャン・カルヴァンや他の多くの改革派の人々はルターの見解を、聖餐論ではなくキリスト論を理由として拒否しました。この拒否を理解するために次章を見ていきましょう。次章ではキリストの二重の本性を説明します。

第5章　キリストの本性

主の晩餐についてのルターの見解をカルヴァンがなぜ拒否したかを理解するには、教会の歴史に目を通すことが幾らか助けになるでしょう。教会の歴史を通して、キリストの神性と人性に関してさまざまな異端が生じてきました。

四五一年にカルケドン公会議で教父たちは、こういった異端を二つの異なる面から扱わなければなりませんでした。

一方にはエウテュケス（訳注・三八七年頃〜四五四年、コンスタンティノポリスの修道院の院長）という人物が提唱した、キリスト単性論という異端がありました。エウテュケスによれば、キリストが持っていた本性は完全に神的であるわけでも完全に人的であるわけでもなく、もっと正確に言えば単一の本性です。エウテュケスの見方を要約すれば、キリストは神格化された人性あるいは人間化された神性を持っていたということになるでしょう。

同時にもう一方には、ネストリオス（訳注・三八一年頃〜四五一年頃、シリアのアンティオキア学派に属するコンスタンティノポリス大主教）という名で知られる異端者がいました。ネストリオスは、もし二つの本性を持つなら二つの人格を持つことになるではないかと論じ、神性と人性を二つに分けました。

カルケドン公会議で教会は、キリストはヴェラ・ホモ、ヴェラ・デウスであると宣言しました。それは、キリストは二つの明確に異なる本性――真に人間的な本性と、真に神的な本性――を有し、それらは混同することなく単一の人格の中で結合している、という意味です。この決議で教会は事実上、エウテュケスとネストリオスの異端に対処しています。

さらに教会は、一般に「カルケドンの四否定」と呼ばれるものを作り上げました。この「四否定」は、この歴史的な教会会議から生まれた定式化の中でおそらく最も重要なものと思われます。この五世紀の会議で教会指導者たちは、受肉において自分たちが取り組んでいるものが最高の奥義であることを悟りました。要するに「受肉の奥義を完全に理解した」と全員一致で言うことはできないと知ったのです。しかしまた彼らは、神性と人性の間に完全な合一があることと、両性が共に純粋なものであることを、修正なしに断言したいと思っていました。けれども、実際に受肉における一致がどのようにしてなされているのかは神秘のベールに包まれたままです。彼らはまた、当時、キリストの二重の本性に関する正統的な理解を脅かしていた異端を確信をもって拒否できるだけのことを自分たちは理解している、と断言したいとも思っていました。

「四否定」には、以下のように書かれています。二つの本性は、混合なく、混乱なく、分割なく、分離なく、結合していると。人性と神性との関係をどのように理解するとしても、混ざり合っているとか、混乱しているとかという観点から考えるべきではないのです。キリストの一つの人格の中では、人性と神性はそれぞれが他方によって飲み込まれることもなく、また分割されることもなく引き裂かれることもなく保持されています。

教会史を通じて、キリストの両性のどちらか一方をとって他方を飲み込ませようとする企てはしつこく出現しました。自由主義神学には、一人の純粋な人間イエスで終わる傾向が常にあります。その結果は神的存在ではないイエスです。人性が神性を飲み込んでいます。他方で時に、あまりにも熱心にキリストの神性を擁護するクリスチャンに出会うこともあります。聖書の真理を擁護しようとする熱意からキリストの神性を強調するあまり、キリストの人性には気づかず置き去りにしています。

新約聖書を読めば、キリストの人性は明らかです。キリストは空腹を覚え、のどが渇き、涙を流し、血を流しています。これらの要素から、キリストがまことの人性を有していることは明白です。神は空腹になることも、のどが渇くこともありません。神性は血を流さないのです。これらはみな人性の側面です。「イエスの体は神性と人性のどちらに属するのか」という質問に対する答えははっきりしています。キリストの肉体はキリストの人性の明示であり、神性の明示ではありません。

カルケドン信条で「四否定」は、以下のことばで締めくくられています。「それぞれの本性はそれ自身の属性を保持する。」これは、受肉において神性は神的であることをやめないということを意味しています。ここで、主の晩餐におけるキリストの臨在を巡る論争に取り組みたいと思います。それぞれの本性がそれ自身の属性を保持しているというのであれば、では、人性がその属性を保持しているとは、何を意味するのでしょうか。遍在

（omnipresence）は人性の属性ではありません。イエスの人性が同時に二つ以上の場所に存在することが、どうしてあり得るのでしょうか。

ルター派はこの反論に応えて、同時多在（ubiquity　訳注・「遍在」という訳語もある）の教理を頼りに、コムニカチオ・イディオマトゥムすなわち「属性の交流」という新奇な理解を発展させました。ubiquityとは「同時にここにもそこにもどこにでも存在する」という意味で、遍在（omnipresence）の類義語です。ルター派は、もし神性が同時に二つ以上の場所に存在する能力を有するのなら、神性のその力と属性は、聖餐において人性に伝達されると主張しました。これであれば、人間としての身体を含むキリストの人性は、同時に至るところに存在することが可能になります。人性は神性の属性を授かるのです。

これに対して改革派教会は、これはキリストの両性を混同しており、それぞれの本性の属性が保持されなくなるので、カルケドン信条に反すると言いました。これこそカルヴァンたちが主の晩餐のルター的理解に断固として反対した理由です。ルターは、キリストの肉体的臨在が同時に二つ以上の場所にあると主張しました。キリストの本性についての核となる信念が、ここで問われています。そうであるからこそ改革派は、聖餐においてイエスは実際に臨在する、ただし、ルター派やローマ・カトリックの理解とは違うあり方で臨在する、と断言してきたのです。

第6章　キリストの臨在

ウェストミンスター信仰告白第29章第7項には次のようにあります。

ふさわしい陪餐者は、この礼典において、目に見える品々に外的にあずかるとき、その時信仰によってじっさい内的にも、現実にそして本当に、しかし肉的物体的にではなく、霊的に、十字架につけられたキリストとかれの死のもたらすすべての益を受け、それらに養われる。その時キリストの体と血は、パンとぶどう酒の中に、またそれらとともに、あるいはそれらの下に、物体的あるいは肉的にあるのではない。それにもかかわらず、この礼典において、キリストの体と血とはその品々そのものが信仰者の外的感覚に対してあるのと同じほど現実的に、しかし霊的に、信仰者の信仰に対して現臨しているのである。（村川満・袴田康裕訳「ウェストミンスター信仰告白（一六四七年）」〔関川泰寛・袴田康裕・三好明編『改革派教会信仰告白集』教文館、二〇一四年所収〕）

この信仰告白では、イエスの現実の臨在とイエスの身体的存在とが区別されています。イエスの臨在というこの概念をこの信仰告白が表現する場合、そこで意味されているのは、霊的に言えばイエスが現実にそこにいる、ということです。それはどういう意味なのでしょうか。

まず、そこで意味されていないことは何かを考えてみましょう。私たちは、「来週の日曜日にはご一緒できませんが、霊においては一緒にいますよ」と言うことがあります。その場合、どういう意味で言っているのでしょうか。それは、たとえ肉体は別のところにいても、あなたのことを考えていますよ、という意味でしょう。それを一種の霊的臨在とみなすことができます。しかし、この意味で霊においてどこかにいるということを、現実の存在であると理解することはほとんどないでしょう。これは確かにウェストミンスター信仰告白が意味していることではありません。また、ジャン・カルヴァンのような宗教改革者が主の晩餐におけるキリストの現実の霊的な臨在について語ったときに、意味していたことでもありません。

カルヴァンはどういうことを意味していたのでしょうか。まず初めに、ラテン語でフィニトゥム・ノン・カパックス・インフィニティと表現されるカルヴァンの重要な定型句から見ましょう。フィニトゥム・ノン・カパックス・インフィニティとは理性または論理から引き出される哲学的原理で、「有限は無限を入れない」という意味です。仮に無限の量の水があったとしても、その水を二百ミリリットルのコップに全部入れることはできません。わかりますよね？

イエスの人性に関してカルヴァンは、イエスの人間としての体は神の子の有する無限の神性を入れることはできないと言いました。別の言い方をすれば、イエスの人間としての体は遍在せず、キリストの神性は遍在する、ということです。しかしながらカルヴァンは、キリストの神性に関して、キリストは主の晩餐に本当に臨在すると言うだけではなく、聖餐にあずかっている者は、キリストの人性によって真に強められ育まれると言います。人性は遍在しないというのなら、これは不可能ではないでしょうか。しかしカルヴァンは、キリストの人性は、その神性によって私たちのところへ臨在させられると言いました。

新約聖書でイエスは、去ることととどまることについて語っています。「子どもたちよ。わたしはいましばらくの間、あなたがたといっしょにいます。あなたがたはわたしを捜すでしょう。そして、『わたしの行く所へは、あなたがたは来ることができない』とわたしがユダヤ人たちに言ったように、今はあなたがたにも言うのです」（ヨハネ13章33節）。弟子たちはイエスが天に上って行くのを見ていました（訳注・使徒1章9節参照）。それでもイエスはご自分の弟子たちに次のようなことを言いました。「わたしはある意味では去っていきます。しかしたとえそうであっても、別の意味では、世の終わりまでいつもあなたがたとともにいるのです」（訳注・ヨハネ16章16節、マタイ28章20節等参照）。イエスは臨在と不在についてて語りました。

またパウロは、キリストの地上での働きについて語る際、自分はカタ・サルカ、つまり「肉によって」はキリストを全く知らなかったと言います（訳注・Ⅱコリント5章16節欄外注参照）。パウロは地上での受肉のキリストを見たことはありませんでした。この使徒は、地上で働きをしている間のキリストを知らなかったのです。聖書には、キリストは神の右側におられるとあり（訳注・エペソ1章20節等）、そこで考えられているのは、キリストは目に見える物理的な存在という点から見ると、ここにいないということです。

このことについてハイデルベルク信仰問答（訳注・一五六三年にドイツの町ハイデルベルクで書かれて出版された改革派教会の信仰問答書）には、「キリストの人性については、もはや私たちとともにおられない」と書かれています。教会は常に、キリストの人性は高き所に上ったと理解してきました。そして「神性については、私たちから決して離れておられない」とこの信仰問答にはあります（訳注・以上、問47参照）。たとえ人性においてキリストが天へ上ったとしても、キリストの神性は遍在したままであり、とりわけ教会の中に臨在します。

それは、昇天の際、人性は天へ行って神性を後に残し、こうして両性の完全な合一は崩されたということなのでしょうか。そうではありません。受肉は依然として現実です。キリストの死において受肉は現実でした。キリストが死ぬとき、キリストの神性は今度は人間の遺体と結びつきました。人間としての魂は天に上り、天にある人間としての魂は神性と結びつきました。墓の中にある人間としての身体はキリストの神性と結びついたままでした。ですから、人性はやはり人間的であるため存在場所を限定されているということがもし理解できるなら、人性はこの世以外のどこかに存在することになります。ただし人性は天においては、神性と完全に一致した状態なのです。

注意していただきたいのですが、神性との交わりは、神の御子の人格および御子の存在すべてとの交わりです。私がここで神性を帯びたキリストと出会い、イエスの人格との交わりに入るとき、この神性は人性とつながり結びついたままです。神性と交わりを持つときは、神性とだけ交わりを持っているのではありません。人性とも交わりを持っているのです。そしてキリストの人性は神性と完全に一致していますが、人性自体がこれらのさまざまな場所に存在できる神的能力を帯びることにはなりません。いついかなる時でも、人性が神性と分けられることはありません。こうして人性を神格化することなく、両性の一致は保たれ、人性は局在性を保たれます。それにもかかわらずキリストの人格は、神性の遍在性によって複数の場所に何度も存在できるのです。

以上の見方は、ローマ・カトリック教会の見方とは違っています。ローマ・カトリック教会の見解では、キリストの人性は、地上に、同時にあらゆる違った場所に降りて来ることができます。こうして、キリストの人間としての体は、世界にあるローマ・カトリック教会の数と同じだけ存在することになります。

私たちがこの考えに反対するのは、キリストの体が天にあるからです。私たちは神性との接触によって、地上のさまざまな教会すべてにおいてキリストの人格と実際に出会います。しかし、キリストの体は依然として天にだけ存在しています。この考えこそ、新約聖書でイエスが「わたしは去っていきますが、あなたがたとともにいます」と語っていることと一致します。新約聖書でイエスが約束したイエスご自身の臨在は、現実の存在であり、イエスの民との現実の交わりなのです。

もう一度ウェストミンスター信仰告白のことを考えてみましょう。そこには以下のようなことが書かれていました。

礼典において、われわれは目に見える品々に外的にあずかるだけでなく、信仰によって内的にも、現実にそして本当に、しかし肉的物体的にではなく、霊的に、十字架につけられたキリストと彼の死のもたらすすべての益を受け、それらに養われる。そのときキリストの体と血は、パンとぶどう酒の中に、またそれらとともに、あるいはそれらの下に、物体的あるいは肉的にあるのではない。それにもかかわらず、キリストの体と血とはその品々そのものが信仰者の外的感覚に対してあるのと同じほど現実的に、しかし霊的に、信仰者の信仰に対して現臨しているのである。

神的存在である神の御子の有する遍在性のゆえに、主の晩餐において私たちはキリスト全体と現実に出会い、天のパンによって養われます。

最後に一つ、主の晩餐に関するローマ・カトリック教会の教えについて。カトリック教会は、ミサは祝われるたびに、キリストの犠牲としての死を再現していると信じています。いわばキリストは新たに十字架につけられるのです。

もちろんローマ・カトリック教会は、ゴルゴタの丘でイエスが実際になしとげたものとの犠牲と、ミサにおいてその犠牲が表現されるやり方とは違うと教えています。その違いとは次の通りです。ゴルゴタの丘でのイエスの犠牲としての死では、実際に血が流されました。それは血を伴う犠牲でした。一方、今日ミサでささげられる犠牲は血のない犠牲です。それでも本当の実際の十字架の犠牲だというのです。

この解釈は実体変化の教理同様、十六世紀に大論争を引き起こしました。宗教改革者たちにとって繰り返しという考えは、キリストはただ一度だけささげられたという聖書の概念に反するものと思えたからです。それで宗教改革者たちは、ミサの犠牲的性質についてのローマ・カトリックの見解は、キリストが贖いのみわざにおいてささげた犠牲の完全性および一回性（ヨハネ19章28～30節、ヘブル10章1～18節）を拒否していると受け止めたのです。

第7章　祝福とさばき

実体変化の教理およびイエスの犠牲の再現に加えて、主の晩餐についてのローマ・カトリックの見解には宗教改革者たちにとって問題となった側面がほかにもあります。コリント人への手紙第一の10章14節から22節を考えてみましょう。

ですから、私の愛する者たちよ。偶像崇拝を避けなさい。私は賢い人たちに話すように話します。ですから私の言うことを判断してください。私たちが祝福する祝福の杯は、キリストの血にあずかることではありませんか。私たちの裂くパンは、キリストのからだにあずかることではありませんか。パンは一つですから、私たちは、多数であっても、一つのからだです。それは、みなの者がともに一つのパンを食べるからです。肉によるイスラエルのことを考えてみなさい。供え物を食べる者は、祭壇にあずかるではありませんか。私は何を言おうとしているのでしょう。偶像の神にささげた肉に、何か意味があるとか、偶像の神に真実な意味があるとか、言おうとしているのでしょうか。いや、彼らのささげる物は、神にではなくて悪霊にささげられている、と言っているのです。私は、あなたがたに悪霊と交わる者になってもらいたくありません。あなたがたが主の杯を飲んだうえ、さらに悪霊の杯を飲むことは、できないことです。主の食卓にあずかったうえ、さらに悪霊の食卓にあずかることはできないことです。それとも、私たちは主のねたみを引き起こそうとするのですか。まさか、私たちが主よりも強いことはないでしょう。（Ⅰコリント10章14～22節）

ここでパウロは、主の晩餐を偶像崇拝の儀式と混ぜ合わせることに厳しい警告を発しています。どうやらコリントのクリスチャンの中には、キリスト教の礼拝にも参加し、異教の祝宴や祝祭にも参加する人たちがいたようです。このことに刺激されてパウロは、偶像にささげられた肉を食べることについての問題に取り組みました。

異教徒のこういった儀式が終わった後はしばしば、犠牲に用いられた肉は市場で売られました。クリスチャンの中にはこのことで良心の呵責を感じ、「異教の式典にどんな形であれ参与していた肉とはいっさい関わりを持ちません」と言う者たちもいました。偶像にささげられた肉を食べることは罪深いことであると信じていたのです。パウロは、肉について本来罪深いことはないと言ってそれに答えました。市場に売りに出される前にどのようなことに使われたかにクリスチャンが心が奪われることは、望ましくありませんでした（Ⅰコリント8章）。

教会は非常に早い時期から、典礼を実践する際に偶像崇拝が入りこむことに、特に主の晩餐の観点から闘わなければなりませんでした。実体変化の問題に戻って考えてみますと、カルヴァンはこの問題が、キリストの人性の神格化と関係があると考えていました。カルヴァンによれば、これは可能な限り最も巧妙な偶像崇拝でした。キリストは神－人であり、神の子であるので、新約聖書はキリストを礼拝するようにと招いています。私たちはキリストの人格を礼拝しますが、その際、キリストの神性から人性とはこのようなものであると推定して、三位一体の第二格との合一から切り離して人性を礼拝しているわけではありません。神の聖なる御子との合一から切り離してイエスの人性を礼拝することは偶像崇拝です。なぜならそれはイエスの被造物としての側面に神的要素を帰することだからです。けれども、ここで十分注意を払うことが必要です。教会はキリストの全人格を礼拝するのですが、しかしキリストが礼拝に値するのはその神性ゆえであって、人性ゆえではないのです。ですから宗教改革者、特にカルヴァンは、中世の教会でイエスの人性への礼拝に関係することが行われていることを心配しました。

もし今日、ローマ・カトリック教会に入って行くなら、そこでは人々がひざまずく姿を目にすることでしょう。片ひざを曲げてひざまずき、それから座るのです。もしミサが進行する間見守っているなら、司祭もその所作の最中に頻繁に片ひざを曲げてひざまずいているのがわかります。どうしてそのような姿勢をとるのでしょうか。ひざまずく対象は聖櫃です。聖櫃は大概、金製の容器で、祭壇の上部の目立つところに安置されています。その金の聖櫃の中に聖変化されたパンが入っているのです。ローマ・カトリックではそのパンがキリストの実際の体になると信じています。ですから、腰をかがめて片ひざを曲げるのは、聖変化されたホスティアに対して片ひざを曲げているのです。ローマ・カトリック教会の見解では聖変化されたパンは礼拝の対象であり、宗教改革者たちはこれに激しく反対しました。彼らは次のように言ったことでしょう。「なぜ人々は聖変化されたパンの前で身をかがめているのか。たとえそれがイエスの人性になるのだとしても、人性の前にひざまずいていることは適切ではない。」

主の晩餐における論争点は他にもあります。それはミサというドラマでは結局何が起こっているのかについての教会の理解に関わっています。聖変化の後で何が起こるのか、ローマ・カトリック教会では、十字架上でキリストが犠牲としてささげられることがミサの中で再現されると教えています。さて、この教会は、犠牲のこの再現では血は流されないと断言しています。それにもかかわらず、その犠牲は本当の犠牲であると主張します。ですから、たとえ血を伴わないささげ物であっても、キリストは本当に実際に、ミサが行われるたびごとに新たに犠牲としてささげられることになります。

宗教改革者たちはこのような考えを、ヘブル人への手紙が語っていること、すなわちキリストがただ一度だけご自身をささげたこと（ヘブル10章10節）を完全に否定するきわめて冒瀆的なものと判断しました。キリストがゴルゴタの丘でなしとげた贖いは十分で完璧なものであって、それを再現するというのは、そこでなされた完全な一度限りの贖いの、最高の価値を傷つけることではないでしょうか。

ウェストミンスター信仰告白の第29章第4項にはこのことが主張されています。

個人的ミサ、すなわち、この礼典を司祭あるいは他の誰からでも、ひとりで受けること、さらにまた、杯を会衆に与えないこと、品々を礼拝すること、崇敬のためにそれらを持ち上げたり、持ち回ったり、何か偽りの宗教的用途のためにそれらを保存しておくことなど、これらはすべてこの礼典の本性とキリストの御制定とに反するものである。（村川満・袴田康裕訳「ウェストミンスター信仰告白（一六四七年）」〔関川泰寛・袴田康裕・三好明編『改革派教会信仰告白集』教文館、二〇一四年所収〕）

ここで再び、プロテスタントがコリント人への手紙第一の10章でのパウロの警告に従って、ミサの神学にたいへん強く反応しているのを見ます。しかしコリント人への手紙第一の10章でだけパウロは警告を与えているのではありません。コリント人への手紙第一11章では、主の晩餐の乱用についてもっと強く警告しています。パウロは次のように書いています。

ところで、聞いていただくことがあります。私はあなたがたをほめません。あなたがたの集まりが益にならないで、かえって害になっているからです。まず第一に、あなたがたが教会の集まりをするとき、あなたがたの間には分裂があると聞いています。ある程度は、それを信じます。というのは、あなたがたの中でほんとうの信者が明らかにされるためには、分派が起こるのもやむをえないからです。しかし、そういうわけで、あなたがたはいっしょに集まっても、それは主の晩餐を食べるためではありません。食事のとき、めいめい我先にと自分の食事を済ませるので、空腹な者もおれば、酔っている者もいるというしまつです。飲食のためなら、自分の家があるでしょう。それとも、あなたがたは、神の教会を軽んじ、貧しい人たちをはずかしめたいのですか。私はあなたがたに何と言ったらよいでしょう。ほめるべきでしょうか。このことに関しては、ほめるわけにはいきません。私は主から受けたことを、あなたがたに伝えたのです。すなわち、主イエスは、渡される夜、パンを取り、感謝をささげて後、それを裂き、こう言われました。「これはあなたがたのための、わたしのからだです。わたしを覚えて、これを行いなさい。」夕食の後、杯をも同じようにして言われました。「この杯は、わたしの血による新しい契約です。これを飲むたびに、わたしを覚えて、これを行いなさい。」ですから、あなたがたは、このパンを食べ、この杯を飲むたびに、主が来られるまで、主の死を告げ知らせるのです。

したがって、もし、ふさわしくないままでパンを食べ、主の杯を飲む者があれば、主のからだと血に対して罪を犯すことになります。ですから、ひとりひとりが自分を吟味して、そのうえでパンを食べ、杯を飲みなさい。みからだをわきまえないで、飲み食いするならば、その飲み食いが自分をさばくことになります。そのために、あなたがたの中に、弱い者や病人が多くなり、死んだ者が大ぜいいます。しかし、もし私たちが自分をさばくなら、さばかれることはありません。しかし、私たちがさばかれるのは、主によって懲らしめられるのであって、それは、私たちが、この世とともに罪に定められることのないためです。
ですから、兄弟たち、食事に集まるときは、互いに待ち合わせなさい。空腹な人は家で食べなさい。それは、あなたがたが集まることによって、さばきを受けることにならないためです。その他のことについては、私が行ったときに決めましょう。（17～34節）

ここで何が起こっているかは明らかです。初代教会で主の晩餐と合わせて祝われていたアガペーの祝宴と、キリストの死と過越の再現を示すためのものが、コリントの共同体では、はめをはずした暴飲暴食と自己中心の機会となってしまったのです。人々は腹を満たすために互いに争って食卓へ向かい、その一方で空腹のまま取り残される人もいました。つまり、このような振舞いによって、主の晩餐を祝うことの肝心な点が破壊されていました。

そのためパウロはコリントの中にある二つの問題について語らなければなりませんでした。一つは偶像崇拝と主の晩餐を祝うことを混同していること、もう一つは暴飲暴食のための食事会に変えてしまっている人々によってこの行事の尊厳が傷つけられていることです。このことを背景にしてパウロは、主の晩餐を祝うことについて以上のようなたいへん冷静な警告を与えているのです。

以上の教えを原因として、主の晩餐に関してプロテスタント宗教改革から出て来た強力な原則の一つが「食卓の保護」（訳注・the fencing of the table　陪餐制限を意味する）と呼ばれるものです。ある教会では、主の晩餐を祝う前に牧師が、福音主義の教会の正式な会員でない人はこの礼典に参加するべきではないと警告します。主の晩餐とは真に悔い改めたクリスチャンのためだけのものであることを会衆に思い出させるのです。中には、その教会の教会員でなければ主の晩餐にあずかることを認めない教会もあります。旅行などでその教会の礼拝に参加したという場合、たとえクリスチャンであっても、聖餐にはあずかれないのです。

けれども食卓の保護の目的は、かたくなさのゆえに人々を排除することではなく、むしろ人々を使徒パウロがここで説明している恐ろしい結果から守ることです。コリント人の手紙第一11章のここでパウロはマンドゥーカーティオー・インディグノールムについて語っています。これは「ふさわしくない仕方で食べること」（訳注・Ｉコリント11章27節ラテン語訳参照）という意味です。

ふさわしくない仕方で人が主の晩餐にあずかるとき、祝福の杯を受ける代わりに、呪いの杯を受けています。彼らは破滅へ向けて飲み食いをしているのであり、神をあざむくことはできません。もし人々が教会における活動の中でこの最も聖なるものを祝いながら、それをふさわしくない仕方で行うのなら、神のさばきに身をさらしているのです。

スイスの神学者オスカー・クルマン（訳注・一九〇二～九九年）は、新約聖書の中で最もその重要性が見過ごされている箇所は、コリント人への手紙第一の11章30節「そのために、あなたがたの中に、弱い者や病人が多くなり、死んだ者が大ぜいいます」だと述べました。また、ヨハネの手紙第一の5章16～17節が言っているのは、主の晩餐を誤用・乱用したクリスチャンを神は地獄へ送ることはなさらないが、そのいのちをお取りになることはあるかもしれない、ということだと信じる学者もいます。

パウロがここで主張しているのは、聖餐というサクラメントはある特定の識別と関わりがあり、その識別を要求するサクラメントである、ということです。私たちは自分たちが何を行っているかを認識するべきです。謙遜と悔い改めというふさわしい態度で臨むべきです。

もちろん、重要なのは主の晩餐の席から人々を排除することではありません。究極の意味では、キリストのもとに来て交わりにあずかる価値のある人はだれもいないのです。私たちは自分自身としてはキリストにふさわしい者ではありませんが、それがどうしても必要であるがゆえに、キリストのもとに来て交わりにあずかるのです。ただし、高慢な心ではなく頼る心で、自分の罪を告白し、キリストだけが救ってくださると信頼しつつキリストのもとに来るべきです。こういった神聖な事柄をもし偽善的な仕方で扱うなら、神は私たちを潔白とはお思いにならないでしょう。このサクラメントの意義を探ることがなぜ必要なのか、その理由はここにあるのです。

主の晩餐にあずかるときに私たちは生けるキリストに出会い、天のパンとの親交によるさまざまな益を受けます。しかしそれとともに、神の不興を招くことになる振舞いやこのサクラメントの歪曲から自分自身を守らなければならないのです。

著者

R・C・スプロール（Robert Charles Sproul）

1939年、米国ペンシルバニア州ピッツバーグに生まれる。フロリダ州サンフォードのセント・アンドリューズ改革派教会の牧師、改革聖書学校（Reformation Bible College）顧問。「リゴニア・ミニストリーズ」（神学教育および伝道団体）の設立者・会長。
100冊以上の著作があり、邦訳されているものに『非キリスト教的思想入門』（いのちのことば社、2003年）、『何からの救いなのか――神の恵みの奥義』（いのちのことば社、2008年）、『洗礼とは何か』（いのちのことば社、2016年）がある。

訳者

三ツ本武仁（みつもと・たけひと）

1970年、東京に生まれる。日本基督教団香里教会牧師。関西学院大学神学研究科博士課程単位取得満期退学。
訳書：M・ボーグ『イエスとの初めての再会』（共訳、新教出版社、2012年）、M・C・デバーデルベン『ランバス&ベネット　日毎の糧』（日本基督教団香里教会、2015年）、R・C・スプロール『洗礼とは何か』（いのちのことば社、2016年）

聖餐とは何か

2017年4月10日発行

著　者　R・C・スプロール
訳　者　三ツ本武仁
印刷製本　モリモト印刷株式会社
発　行　いのちのことば社
〒164-0001 東京都中野区中野2-1-5
電話 03－5341－6923（編集）
03－5341－6920（営業）
FAX 03－5341－6921
e-mail:support@wlpm.or.jp
http://www.wlpm.or.jp

ISBN 978－4－264－03626－5